J'ai retrouvé dans des papiers de famille le récit d'une excursion à Chamouny faite en 1790 par mon grand-père, M. Victor Augerd. Il l'avait écrit pour lui, du premier jet, sans corrections ni retouches, n'ayant jamais eu l'idée qu'il pourrait être publié. J'en ai jugé autrement, et il m'a semblé qu'à un siècle de distance, il serait lu avec intérêt.

Des motifs de même nature m'ont amené à insérer dans le Bulletin de la Section de l'Ain une lettre écrite à ma mère, dont elle était l'amie, par Mademoiselle Henriette d'Angeville, quelques jours après son ascension du Mont-Blanc, chose rare en 1838, surtout pour une femme; j'y ai ajouté le journal de son séjour à Retord, au plus haut de nos montagnes du Bugey, en février 1842.

Quant aux lignes écrites en souvenir des fêtes de Sion et de Genève, elles me permettent de signer et d'envoyer cette plaquette à quelques amis.

Victor AUGERD,

Ancien Magistrat.

UNE EXCURSION A CHAMOUNY

EN 1790

Le 27 juillet 1790, je partis pour les glaciers de Chamouny avec M. Dumaine, contrôleur des domaines. Ayant passé par la montagne, nous arrivâmes le même jour à Nantua et le lendemain à Genève d'où nous partîmes le 30 avec trois compagnons de voyage qu'un hasard heureux nous fit découvrir ; l'un était M. Le Royer, apothicaire au bas de la cité, homme d'une humeur gaie et d'un esprit cultivé ; le second, M. Favre, à peine âgé de vingt-deux ans, fils d'un riche négociant genevois établi à Marseille qui avait déjà parcouru l'Italie et se livrait plus particulièrement à l'étude de la minéralogie ; puis M. Eymard, descendant du sourcier Jacques Eymard, homme avantageusement connu dans les lettres par un discours sur la douceur des peines couronné par l'Académie de Marseille : Je dus une grande partie de l'agrément de mon voyage à leur amabilité et à leur instruction.

Je n'ai ni le loisir ni la volonté de faire une description détaillée de ce que j'ai vu et des petits incidents du voyage : le premier objet se trouve rempli par les relations de MM. Bourrit et Bérenger, sauf les modifications apportées par le caractère, les goûts et la disposition d'esprit actuelle de chaque observateur.

L'exactitude exige encore qu'on retranche dans quelques-uns des tableaux de leurs ouvrages ce qui n'est que l'effet d'un enthousiasme peut-être factice lorsqu'on écrit après quelque intervalle, et qui leur a dicté des descriptions pompeuses et emphatiques; mais il n'est pas facile de s'en défendre, je le reconnais, en présence de la nouveauté des objets qu'on a eus sous les yeux et de l'ensemble imposant de cette grande nature : on compense alors par l'exagération de certains effets l'impuissance où l'on se trouve de les présenter sous la couleur qui leur est propre et l'on renforce son pinceau pour suppléer par des traits hardis que fournit l'imagination au tableau plus riche encore que présente la nature (*Anche io son no pittore, ma rhetore*).

A l'égard des évènements personnels à chaque voyageur, ils sont le plus souvent dépourvus d'intérêt, et je me bornerai à rappeler ici les faits principaux qui me serviront plus tard à me remémorer quelques-unes des jouissances que je goûtai dans cet agréable voyage.

Le matin de notre départ de Genève il y eut un violent orage. J'eusse préféré à l'élégance de la grande berline anglaise qui nous conduisait, un simple char à bancs qui nous eût permis de mieux jouir du charmant aspect que présentent les environs de Genève. A Chêne, on entre dans le Faucigny. Je ne fus point frappé de cette extrême différence dans la culture dont parle M. Bérenger :

Gaudet tellus vomere libero (Plin) [1]

et je crains qu'il n'ait sacrifié la vérité à la prétention et à l'effet. Il me semble du reste naturel que le terrain devienne moins fertile à mesure qu'on approche des montagnes et soit moins bien cultivé qu'aux alentours d'une grande ville.

A Bonneville, nous descendîmes dans une auberge remplie d'étrangers à cheval ou en voiture. Nous y fîmes un mauvais déjeûner-dîner, chèrement payé. Là, chacun de nous versa deux louis dans une bourse commune, confiée à la libre direction de M. Le Royer. A Martigny, lieu de notre séparation, nous

---

[1] Pline, dans son texte, écrit « *laureato* », le mot « *libero* » s'explique ici de lui-même.

avions dépensé chacun quatre louis : tout notre voyage nous coûta, à M. Dumaine et à moi, sept louis à chacun.

Sur la place, quelques soldats pauvrement habillés, commandés par de jeunes officiers mesquinement élégants, faisaient l'exercice. La ville me parut à peu près déserte ; du pont de l'Arve, on a une très belle perspective.

De Bonneville à Cluses, je fis une partie de la route à pied, avec le regret de ne pouvoir continuer assez pour examiner à loisir le défilé de Cluses ; un instant j'entrepris de me placer avec M. Favre, en laquais derrière la berline, mais je ne pus y rester longtemps, et y laissai mon compagnon, plus courageux que moi.

Depuis la gracieuse cascade du Nant d'Arpenas, nous vînmes à pied jusqu'à Sallanches. J'eus le plaisir de trouver pour la première fois dans ses alentours, la *Primula farinosa*. Les rives de l'Arve présentent en abondance l'*Epilobium Dodonnei* dont les nombreuses fleurs purpurines produisent un bel effet; la *Parnassia Palustris* et l'*Hydrophæ Ramnoïdes* dont nous mangeâmes les baies acides. A ce sujet, M. Eymar nous remit en mémoire l'anecdote de J.-J. R. sur ce fruit que son compagnon dans ses courses botaniques lui laissa manger, quoiqu'il le crut un poison.

Mauvaise et chère auberge à Sallanches ; grand concours d'étrangers ; on nous presse pour souper et on nous conduit dans une maison bourgeoise où nos cinq lits étaient préparés ; sur la cheminée de ma chambre, soit par confiance soit par négligence, on avait laissé deux montres d'or et leur chaîne.

Le lendemain nous nous remîmes en route; en passant à Chede nous admirâmes la belle cascade de ce nom qui me parut plus belle que celle de Pisse-Vache, mais nous ne poussâmes pas jusqu'au lac.

A Passy, triste village et mauvais déjeûner avec des galettes sèches lourdes et plates en guise de pain. A Servoz, nous vîmes chez l'un des directeurs des mines un modèle en relief de la vallée de Chamouny, du Mont-Blanc et de ses aiguilles, fait en Pinus Cimbro ou Arolle. Ce modèle, dont la base avait environ quatre pieds sur deux, était destiné à l'Angleterre et avait été payé, nous dit-on, quarante louis.

L'aspect de ce plan m'inspira un désir assez vif d'aller non au Mont-Blanc, mais au Jardin, c'est ainsi qu'on nomme un espace de terrain couvert de verdure et formant une île au milieu des glaces et des neiges qui l'entourent de toutes parts. On ne peut y parvenir en un jour depuis le Prieuré, il faut aller coucher en plein air sous une avance de rochers appelé le Couvercle et y emporter vivres et couvertures. M. Favre aurait fait volontiers cette partie, mais rien ne balançait pour nos autres compagnons la fatigue et la sorte de péril de cette course et nous dûmes y renoncer. Je me contentai de l'espoir de l'exécuter dans un second voyage, et alors d'arriver au Prieuré en montant au Brevent depuis Servoz.

Après une heure de marche au milieu de débris d'avalanches et de quartiers de roches entassées, on entre dans la vallée de Chamouny, en passant au pied du glacier des Bossons. Son accès est facile et on le traverse sans danger. Je trouvai, en montant, l'*Imperatoria Ostrutina* bien connue des habitants du pays qui l'emploient dans les maladies de leurs bestiaux sous le nom d'*Ostruce*; nous y fîmes un excellent goûter avec du lait plus épais que la crème de nos pays et des cerises d'un goût agréable quoiqu'un peu sauvage (les cerisiers ne sont pas greffés, mais on les transplante pour leur faire produire de meilleurs fruits). Dans les environs du glacier, je vis, pour la première fois, l'*Impatiens noli tangere*.

Arrivés de bonne heure au Prieuré, nous fûmes loger à l'extrémité du village, la première auberge (chez la dame Couteran) étant trop pleine de voyageurs, chez Pierre Tairraz. Nous eûmes de la peine à y trouver des lits, car il y avait déjà environ trente maitres et une douzaine de domestiques. A souper, on nous servit du chamois.

Le lendemain dimanche, après avoir entendu la seule messe qui se disait à Chamouny et à laquelle trois voyageurs seulement assistaient, nous partîmes pour le Montanvers. A la sollicitation de mes compagnons, je pris comme eux un mulet pour faire environ une lieue de chemin, et j'eus lieu d'admirer la fermoté du pas et l'intelligence de ces animaux pour traverser des sentiers escarpés et périlleux. Le mieux est de s'en rapporter à eux et de leur laisser la bride sur le col, mais il faut beaucoup d'attention, tantôt pour relever les jambes, tantôt pour baisser la tête et courber le corps afin d'éviter les chocs et les froissements contre les rochers et les arbres ; le reste du trajet, impraticable pour les mulets, se fit à pied, et nous arrivâmes au château de Blair, cabane élevée par un seigneur anglais de ce nom ; nous y trouvâmes une dame anglaise qui avait eu le courage de venir jusques-là et qui avait fait faire du feu dans la cabane. Il faut aller chercher le bois à une certaine distance ; quant aux bergers, ils brûlent les tiges du *Rhododendron ferrugineum*. Cet arbrisseau, dont le fruit était formé à la base de la montagne, était en pleine fleur dans ces parages et présentait à l'œil un aspect des plus agréables.

De là nous descendîmes sur le glacier des Bois par une moraine très fertile en plantes curieuses ; il présente les mêmes accidents et les mêmes phénomènes que celui des Bossons, mais il est beaucoup plus vaste. Après y avoir fait quelques pas, je revins pour examiner en détail les richesses végétales existant sur ses bords, je grimpai les roches feuilletées qui le dominent et je trouvai dans leurs fissures plusieurs plantes rares. Mes compagnons me rejoignirent après avoir traversé le glacier, mais la pluie qui s'était mise à tomber ne nous permit pas de dîner en plein air, et nous dûmes aller chercher un refuge dans le château Blair dont le toit, formé de grandes lames de roches feuilletées, avait été emporté en partie et ne nous garantissait que très imparfaitement. Cela ne nous empêcha pas de manger gaiement nos provisions et de boire à la santé du brave Anglais auquel nous devions un abri. Comme nos devanciers, nous inscrivîmes nos noms sur les solives et reprîmes la route du Prieuré par une pluie fine et froide.

Au lieu de couper la montagne en diagonale, nous descendîmes presqu'en ligne droite pour arriver à la source de l'Arveiron. C'est la plus brillante merveille de ces contrées, et la description de MM. Bérenger et Bourrit ne parait ni emphatique, ni exagérée à ceux qui ont joui de ce magnifique aspect. Notre hu-

meur, déjà très gaie, s'accrut encore à la vue des culs par terre
que tous faisaient alternativement en descendant par le sentier
rapide et rendu glissant par la pluie ; j'y prêtais aussi par mon
grotesque accoutrement ; n'ayant qu'un habit très léger et peu
fait pour ces régions, j'avais mis par dessus la longue redingote
grise d'un de nos guides et ressemblais assez au berger Agnelet
de l'avocat Pathelin. Le nom m'en resta toute la journée.

La recherche des plantes me retenait, et j'arrivai le dernier
sur le pont qui traverse l'Arve, d'où j'entrevis tout à coup dans
une belle forêt de mélèzes, des jeunes filles, des femmes, des
enfants parés de leurs habits de fête, portant des vases de cristal
remplis de lait de fraises et de miel ; puis, sur la droite, les
cintres bleuâtres du brillant portique d'où sort l'Arveiron. En
me rapprochant et à la vue de ces coupoles hardies et brillantes
de lumière, de ces voûtes de cristal transparentes dans l'intérieur desquelles on entendait mugir le fougueux Arveiron, qui
se précipitait écumant à travers l'amoncellement d'énormes
blocs de granit, je tombai dans une admiration silencieuse et
extatique et me félicitai d'avoir eu plus de courage que mes
compagnons qui étaient directement retournés au gîte, où je les
rejoignis après avoir lentement traversé la prairie gracieuse et
unie qui s'étend de l'Arveiron au Prieuré.

Nous avions formé, M. Favre et moi, le projet d'aller le lendemain sur le mont Brevent, course périlleuse, d'après M. Bourrit,
seulement un peu pénible, disaient nos guides ; mais le temps
incertain, les nuages flottant le long des hauteurs nous forcè-
rent à renoncer à cette course, et nous rabattîmes sur une promenade au glacier d'Argentières. On suit toujours le fond de la
vallée en cotoyant l'Arve dont les eaux diminuent sensiblement
à mesure qu'on s'élève et qu'on traverse plusieurs fois sur des
ponts de mélèze. Au hameau des Tines, je vis une preuve sin-
gulière de l'industrie de ses habitants. Un bloc de granit obstruait
l'entrée d'une des maisons. Sa face supérieure présentant une
superficie à peu près plate, on y avait transporté de la terre soutenue par des planches aux endroits où cela était nécessaire et
on s'était créé un jardin suspendu.

Le glacier d'Argentière n'offre rien de particulier ; pendant que mes compagnons le parcouraient, je restai à herboriser sur ses bords. En revenant au Prieuré, nous visitâmes de nouveau la source de l'Arveiron, alors éclairée par un beau soleil qui faisait briller encore davantage ses voûtes de cristal.

En rentrant, notre hôte nous présente un grand livre sur lequel la plupart des voyageurs inscrivent leurs noms, leurs courses, et mes compagnons me chargent d'y joindre quelques mots à notre commune intention. Presque toutes ces inscriptions étaient insignifiantes, mais j'en trouvai une fort remarquable écrite dans un latin énergique et dont voici à peu près le sens : « Moi, M. Bernard de Loisy, ai quitté la France, livrée aux fers des assassins, le... août 1789 et, arrivé dans ce pays, j'ai vu dans le désordre et le bouleversement de la nature une image des maux qui affligent ma malheureuse patrie. »

Le lendemain, 3 août, nous nous mîmes en route pour le Grand-Saint-Bernard, et, pendant que mes compagnons déjeûnaient, je pris les devants et fus à pied jusqu'à Argentières où je demandai du lait ; j'avais eu la précaution d'emporter un peu de pain et bien m'en prit, car le Curé, chez qui j'allai, n'aurait pu me donner qu'une mauvaise galette plate, cuite depuis cinq à six mois ; il avait néanmoins un peu de sucre qu'il m'offrit. Mes compagnons m'ayant rejoint, nous arrivâmes ensemble au village du Tour, à travers une vallée sans arbres, où l'on ne voit que des pâturages entrecoupés de rochers. Je remarquai, dans les prairies nouvellement fauchées qu'on avait eu soin de laisser sur pied, toutes les plantes d'*Heracleum spondilium* pour les faire manger en vert aux bestiaux qui les préfèrent lorsqu'elles ont été adoucies par les premières fraîcheurs.

En continuant à monter, nous arrivâmes au col de Balme d'où l'on a une vue magnifique sur la vallée de Chamouny, et qui fait la limite du Faucigny et du Valais. Les bergers m'y firent voir la *Carline, Ranunculus glacialis* dont ils distinguent deux variétés blanche et rouge, et qui est fort abondante sur le revers Valaisan.

Après avoir quitté le col, nous nous arrêtâmes dans un obscur et misérable chalet où nous bûmes du lait délicieux. La descente sur Trient, en passant par le bois Magnin, est excessivement rapide. Je cueillis quelques plantes rares, mais dus en négliger plusieurs, entre autres un chardon non piquant qui m'était inconnu, car le temps nous pressait.

La situation du hameau de Trient est sauvage, mais fort pittoresque, au milieu d'une prairie entourée de hautes montagnes et d'un magnifique glacier qui descend jusqu'à elle. On n'y trouve qu'une seule auberge propre, mais peu fournie; du cochon fumé et toujours cette affreuse galette. Nos guides avaient heureusement du pain, du vin et de la viande, que nous pûmes partager avec un M. de Saussure de Lausanne, bossu et homme d'esprit qui s'y rencontra avec nous.

De là, on monte au col de Trient, d'où l'on découvre la belle vallée du Valais corrodée par le Rhône ; peu à peu la contrée devient moins sauvage, et en approchant de Martigny on se trouve au milieu d'un paysage gracieux et fertile, rempli de noyers et de châtaigniers superbes et chargés de fruits. Laissant Martigny à gauche et cotoyant la rapide rivière de la Dranse, nous arrivâmes à Saint-Branchier par un chemin facile et agréable. C'était le jour de la fête du lieu et le bal se donnait dans notre auberge même. La bizarrerie des airs qu'on jouait, la manière étrange dont les danseurs valsaient et pirouettaient sur eux-mêmes, les façons raides des graves Valaisannes parées de leurs jupes bariolées et de leurs petits chapeaux noirs placés sur l'oreille, tout cela formait un spectacle étrange mais ne justifiant point le portrait séduisant que Rousseau a fait des Valaisannes. La fille de notre hôte, qui était jolie et qu'à son air modeste on eut pris pour une vierge quoiqu'elle fût mariée et mère d'un grand enfant, nous faisait une profonde révérence chaque fois qu'on lui demandait quelque chose et le plus souvent c'est tout ce qu'on y gagnait. Notre nuit fut quelque peu troublée par le bruit de la fête.

De Martigny à Saint-Branchier on suit le flanc d'un coteau rapide dont les terres sont soutenues par de nombreuses terrasses et qui offre l'étrange aspect de vignes assez étendues dominées sans intermédiaire par des forêts de sapins et de mélèzes.

De Saint-Branchier, on va à Orsières, puis on monte à Liddes, grand village bien aéré et dans une situation gracieuse. On nous expliqua que les piquets enfoncés dans le sol et surmontés de perches horizontales servaient d'étendage pour faire sécher les récoltes. C'est dans cette contrée que le terrain est si meuble et si léger, qu'au dire de M. Bourrit, les charrues y sont tirées par des chèvres et conduites par des femmes; nous ne pûmes vérifier le fait, j'y remarquai seulement de petites charettes chargées de bois ou de denrées, et traînées par une seule vache, très petite.

De Liddes une côte rapide nous mena au Bourg-Saint-Pierre où nous eûmes de la peine à obtenir un mauvais dîner. Au delà de ce village, le pays prend un aspect sauvage, devient nu et désert; on traverse des restes d'avalanches récentes, et la vue d'une espèce de chapelle dans laquelle on dépose les malheureux qui ont péri en faisant ce trajet dans la mauvaise saison et dont les cadavres se conservent et se momifient en raison du froid de ces âpres climats, ajoute encore à la tristesse de ces lieux désolés. Outre cette chapelle qui se trouve à peu près à mi-côte, il y en a une autre semblable à côté de l'hospice ou gisent amoncelés les corps de tous ceux qui meurent en ces lieux, étrangers, chanoines, domestiques du couvent.

Enfin après avoir péniblement gravi cette montagne qui, dans le mois d'août même, nous offrit une image de l'hiver, et traversé quelques bancs de neige de plusieurs pieds d'épaisseur, nous arrivâmes, sur les trois heures après midi, à l'hospice qui consiste en deux bâtiments indépendants, dont l'un a été récemment construit, l'ancien plusieurs fois brûlé et rebâti ne pouvant suffire à abriter certains jours les voyageurs de passage. C'est l'habitation la plus élevée de l'Europe, à 7,300 pieds, la moyenne du baromètre y est de 20 pouces 2 lignes.

Les religieux de l'ordre de Saint-Augustin qui l'habitent y reçoivent gratuitement et avec l'humanité la plus touchante tous les étrangers, quelle que soit leur condition et leur croyance. Un jeune chanoine, d'une physionomie douce et intéressante, nous présente d'abord du kirschwasser et quelques rafraichisse-ments pour nous restaurer et nous permettre d'attendre le sou-per qu'on eut la complaisance de retarder afin que nous eussions le temps de parcourir les environs du couvent.

Nous fûmes étonnés de trouver tout près de l'hospice un petit lac de près d'une demie-lieue de circonférence dégelé depuis quelques jours seulement; puis, un peu plus loin, des débris de maçonnerie et les vestiges d'un édifice qu'on nous dit avoir été un temple dédié à Jupiter Pennin. Un peu plus loin est la limite du Valais et de l'Italie ; me contentant d'avoir fait quelques pas sur son sol, je revins herboriser sur les rochers qui dominent l'hospice et y restai jusqu'au moment où je fus rappelé par mes compagnons criant famine. Nous nous mîmes à table avec deux voyageurs italiens et notre jeune chanoine qui en faisait les honneurs.

Il nous conta qu'il fallait tout faire venir, le laitage d'une va-cherie éloignée de deux heures et demie, que l'énorme quantité de bois qui se consomme dans l'hospice, sans qu'on puisse se passer de feu un seul jour, était apportée à dos de mulets, de 4 à 5 heures, que le pain et la viande venaient de Martigny ou d'Aoste, l'une et l'autre distantes de sept lieues, et ajouta que, pendant l'hiver, les communications devenaient quelquefois impossibles, souvent périlleuses.

Pour faire face à des dépenses aussi considérables, les religieux font, dans la partie de la Suisse qui les avoisine, une quête ordi-nairement productive qui, jointe aux produits de leurs posses-sions en Valais et aux offrandes que les voyageurs aisés mettent dans le tronc placé à cet effet dans leur église, les dispense de quêter en France où ils ne sont pas venus depuis 8 à 10 ans ; néan-moins leur position est devenue difficile depuis que le roi de Sardaigne leur a enlevé toutes les propriétés qu'ils avaient dans ses Etats pour instituer un hospice de même nature au Petit-Saint-Bernard.

L'un des religieux nous affirma que le bruit répandu il y a quelques années sur leurs chiens qu'on disait avoir dévoré des brigands qui s'étaient introduits pendant la nuit dans l'hospice pour voler, était complètement faux. Nos chiens, ajouta-t-il, ne nous servent qu'à reconnaître et à indiquer les chemins lorsqu'ils sont obstrués par la neige et les avalanches et nous permettent quelquefois de sauver des voyageurs égarés et surpris par la tourmente. Après un bon souper, je couchai avec grand plaisir dans la salle à manger où l'on avait fait du feu, tous les autres appartements étant glacés et d'une odeur désagréable.

Le jour suivant, mercredi 4 août, après une promenade matinale et un déjeûner au café au lait, nous témoignâmes notre reconnaissance à nos respectables hôtes, et partîmes à pied par un très beau temps pour retrouver, au bas de la côte, nos mulets qui avaient été coucher à Bourg-Saint-Pierre. A Liddes, personne dans la seule auberge du lieu ; une bonne et jolie femme nous offrit un gîte dans sa maison qui était très propre et nous y donna un bon dîner. Pendant qu'elle le préparait, nous allâmes chez le Curé du lieu, qui est nommé par l'ordre : il nous fit visiter son cabinet plein de minéraux des montagnes, de médailles et de monuments antiques provenant des environs et surtout du temple de Jupiter Pennin. Il en tirait la conclusion que c'était par là que les Carthaginois avaient pénétré en Italie, et nous fit remarquer l'analogie entre le nom d'Alpes *Pennines* donné à ces montagnes et le mot *Punique*.

Après une halte à Saint-Branchier, nous arrivâmes très tard à Martigny et descendimes dans l'auberge appelée à juste titre la Grande-Maison. Mon voisin de chambre, M. Dumaine, se leva le visage tout enflé par les piqûres de cousins : je ne sais comment j'eus la chance d'en être préservé. Après déjeûner, nous nous séparâmes de nos compagnons de route qui allaient à Louëche et à la Gemmi, et qui insistèrent de la façon la plus aimable pour nous entraîner avec eux, nous offrant le secours de leur bourse, et ne voulant même pas le paiement actuel de trente-six francs environ dont nous leur étions redevables. Ce n'est pas sans peine que nous dûmes refuser, et les adieux faits, nous nous mîmes en route pour Saint-Maurice en passant sous la fameuse cascade de Pisse-Vache dont je m'étais formé une plus haute idée. Saint-Maurice, situé entre les rochers et le Rhône, est la clé du Valais. En en sortant, on traverse le fleuve sur un pont dont la beauté et je ne sais quoi de grand me frappa. J'appris, plus tard, qu'il était l'ouvrage des Romains, et le seul de leurs édifices subsistant encore dans cette ville dont ils ont longtemps été les maîtres. De là, en une heure, nous arrivâmes à Bex, dîner dans une auberge bien montée, où l'on nous servit des tronçons de belles truites et des pommes de terre en entremets, au rôti, au dessert, suivant la mode importée par les Anglais. Notre après-midi fut employée à la visite des mines de sel. Le lendemain, en charriot jusqu'à Vevey, où nous dînâmes dans une excellente auberge, moyennant un prix modéré (45 sous). Ayant confié nos petits paquets au courrier, nous nous mîmes en route pour faire à pied les quatre lieues qui séparent Vevey de Lausanne, cotoyant le lac et traversant de beaux villages où nous cherchions vainement à découvrir les chaumières des cultivateurs de notre pays.

A Lausanne, le *Lion d'Or* était plus que rempli par les réfugiés français et nous dûmes nous contenter d'une mauvaise gargotte. L'état de nos finances ne nous permettant pas d'y séjourner, nous quittâmes cette ville de grand matin, le 7 août, profitant d'une voiture de retour. Après avoir dîné à Nyon, nous entrâmes sur les terres de France et traversâmes la chétive ville de Versoix que l'on apercevrait à peine si l'on n'y arrêtait les voyageurs pour leur faire acquitter je ne sais quel droit de péage.

Cette journée en voiture, avec la poussière et la chaleur, nous avait fatigué plus que toutes les autres, aussi nous accordâmes-nous un jour de repos que j'employai à parcourir Genève et à visiter le jardin du sieur Dufour à Montbrillant.

Le mardi 10 août, ayant confié nos paquets à la voiture publique, nous vînmes d'une traite déjeûner à Collonges, et après une visite aux bons M. et Mme Laurent, commandant du Fort l'Ecluse, nous subîmes à Longeret la visite des employés des fermes. Il y avait là un jeune voyageur rapportant plusieurs caisses de plantes, des gazons entiers de *Silene acaulis*, des cristaux, etc., mais en causant avec lui, je fus fort étonné de m'apercevoir qu'il les avait recueillis au hasard et par pure fantaisie. Jugeant d'après mon portefeuille que je pouvais être botaniste, il m'avoua son ignorance absolue et me pria de lui étiqueter ses plantes. Je ne puis m'empêcher de sourire en songeant à la manière dont il en écrivait les noms sous ma dictée *(Saint-Père Vivom* au lieu de *Sempervivum)*. Il chercha à conserver son incognito, mais j'appris à Nantua que c'était M. de L., beau-frère de M. D., de M. Après le plus mauvais des dîners,

nous vînmes coucher à Châtillon. De là à Nantua, avant midi
j'étais chez M. Fauvin. Le lendemain, nous étions à Nantua;
après un jour de repos, et une dernière station à Cerdon chez
les dames Leclerc, le 12 août avant midi j'étais au milieu de ma
famille, satisfaite de voir dissipées les inquiétudes d'une course
parfois périlleuse, et ce moment si agréable ajouta encore aux
jouissances que m'avaient procurées mon voyage.

VICTOR AUGERD.

IMPRESSIONS D'UNE ASCENSIONISTE

A LA DESCENTE DU MONT-BLANC

(SEPTEMBRE 1838)

I

En 1838, Mlle Henriette d'Angeville, alors âgée de quarante-
quatre ans, accomplit un projet depuis longtemps rêvé et
caressé par elle, l'ascension du Mont-Blanc. (Voir Ch. Durier, le
Mont-Blanc, 1re édition, page 200 et suivantes.)

Quelques jours après, le 13 septembre Mlle d'Angeville écrivait
à une de ses amies une lettre que j'ai entre les mains et qui la
peint tout entière. Elle m'a paru intéressante à plus d'un titre,
et j'en extrais textuellement ce qui suit :   V. A.

« A mon retour ici, ma chère amie, j'ai trouvé votre bon et
« amical sermon, qui, bien qu'arrivant sur un *succès complet*,
« n'en a pas moins pour moi le mérite de l'affection et de
« l'intérêt qui vous l'ont dicté. J'y aurais répondu dans les deux
« heures de la réception, si je n'avais chargé mes frères de vous
« donner des nouvelles de l'*ascension* et du *retour* (aussi

« heureux l'un que l'autre) temps radieux et de *jour* et de *nuit;*
« jambes de chamois, immense volonté, galerie brillante d'étran-
« gers, ont été les auxiliaires du voyage, dont les trois quarts
« et demi ont été faits sans fatigue et sans souffrance. Ce n'est
« qu'au pied du mur de glace de la grande Côte, que j'ai eu à
« lutter contre deux ennemis aussi acharnés l'un que l'autre :
« des *battements de cœur suffocants* lorsque je marchais et un
« *sommeil léthargique* lorsque je m'arrêtais; non un sommeil
« ressemblant au sommeil de chaque jour, mais accablant et
« passant des yeux dans tous les membres où il faisait circuler
« la léthargie. Les efforts de volonté que j'ai dû faire pour
« passer de cet état de torpeur au mouvement ne peuvent se
« dire. J'étais obligée de monter mon vouloir à son dernier
« période et alors j'obtenais un paroxisme nerveux de quelques
« minutes qui me faisait faire de 7 à 10 pas convulsivement,
« puis mon cœur battait de nouveau à fendre ma poitrine, et
« lorsqu'arrivait la suffocation, je me jetais par terre comme
« foudroyée par le sommeil stupéfiant dont je viens de vous
« parler.

« C'est dans cette état d'agonie que j'ai été *quatre* heures
« sans avoir eu un instant la pensée de renoncer à l'entreprise.
« C'est vous dire à quel point cette idée était enracinée, car le
« remède était là : il ne s'agissait que de tourner bride et
« redescendre pour être complètement guérie ? Un moment
« j'ai cru que la *bête* allait devenir victime des volontés despo-
« tiques de *l'autre;* lors j'ai dit à mes guides : si je meurs
« avant d'arriver à la cime, traînez-y mon corps et laissez-le là,
« ma famille vous récompensera pour avoir exécuté ma dernière
« volonté. Grâce à Dieu j'ai pu me traîner moi-même jusqu'au
« bout, et au moment même où mon pied a foulé le sommet,
« j'ai été ressuscitée comme par miracle ! Un air vivifiant a
« circulé dans ma poitrine, le sommeil a fui, la vigueur est
« revenue à mes membres, l'intelligence a repris le dessus, et
« c'est dans la plénitude de mes facultés morales et physiques
« que j'ai admiré le magnifique et imposant spectacle qui s'of-
« frait à mes regards ! Il s'y mêlait un sentiment de satisfaction
« d'avoir vaincu par la force du vouloir un corps presque ago-

« nisant et d'avoir mené à bien une entreprise où beaucoup
« d'hommes même courageux eussent renoncé, s'ils s'étaient
« trouvés dans l'état d'angoisses atroces que j'ai combattu
« quatre heures !

« Je réserve les détails et me borne à vous dire que le retour
« a été heureux et brillant ; que j'ai été dans deux pieds de neige
« molle trois heures consécutives sans en éprouver la moindre
« fatigue de jarret ou le plus petit gonflement de pied..., que
« mes guides m'ont rendu le témoignage que j'avais eu autant
« de courage qu'aucun des voyageurs qui m'avaient précédé ;
« que le syndic est venu à une assez grande distance de Cha-
« monix pour me complimenter, et que j'y suis rentrée triom-
« phalement au bruit des boites ; que les rues, les fenêtres et
« les balcons étaient encombrés et que, pour rentrer à mon
« hôtel, il m'a fallu fendre une foule dans laquelle bien des
« mains ont serré la mienne.

« Pendant les trois jours que j'ai encore passé à Chamonix,
« il n'aurait tenu qu'à moi de me croire reine ; je croyais *rêver*
« *toute éveillée* en me trouvant tout à coup célèbre pour avoir
« eu deux bonnes grosses jambes de montagnarde et la forte
« volonté de m'en servir, pour aller à quinze mille pieds de hau-
« teur. Le rêve de Chamonix continue à Genève, *on se m'arrache* et
« comme je ne suis point insensible à la gloriette, tout cela me
« chatouille agréablement, je l'avoue, ce côté un peu faible
« qu'on nomme l'amour-propre.

« L'excellente chose dans tout ceci, c'est que ma santé, loin
« d'avoir souffert de cette course et de la terrible lutte qui l'a
« terminée, va au mieux depuis lors ; je me sens une vigueur et
« une souplesse de corps extraordinaires, et n'étaient rides,
« cheveux blancs, etc., je me croirais revenue à vingt ans
« par le pouvoir de quelque bonne fée : je n'ai eu qu'une
« ardente cuisson dans les yeux et sur la figure ; les premiers
« sont parfaitement rétablis, la seconde a fait peau neuve : féli-
« citez-moi donc, chère amie, car j'ai eu bien plus de bonnes
« chances que je ne pouvais l'espérer.

« Une fois rentrée au logis, à l'aide de mes souvenirs et des
« notes que j'ai pris tout le long de la route, j'écrirai le récit

« détaillé de mon ascension ; il n'y aura pas de science mais il
« aura au moins le mérite d'être vrai et consciencieux.

« Vous aviez failli avoir un billet *de la cime*, vous étiez dans
« ma pensée ainsi que quelques parents et amis pour cette
« *friandise épistolaire*, mais mes guides se trouvaient si mal
« sur ce sommet où j'étais si bien, moi, qu'il eut été inhumain
« de prolonger ma station à la vue de ces mines fatiguées,
« violettes, grelottantes et saignantes qui me suppliaient d'abré-
« ger. Avant de descendre, j'ai porté avec une tasse de lait
« d'amandes (seule boisson avec la limonade, que je puisse
« supporter), j'ai porté, dis-je, la santé du comte de Paris, en
« faisant pour lui tous les souhaits de la meilleure des fées.
« Gardez ceci pour vous, il me serait plus que désagréable de
« voir les journaux s'en emparer et le reproduire. »

UN SÉJOUR A RETORD

FÉVRIER 1842

Dans une de ses lettres, Mlle H. d'Angeville raconte, à une de
ses amies, une excursion faite par elle à Retord, en 1842. Je crois
que ce récit intéressera nos collègues, et pourra leur inspirer le
désir d'aller à leur tour visiter ce qu'elle appelle « une Laponie
bugiste », d'admirer, si le temps est favorable, un magnifique
panorama et de constater les changements survenus depuis
quarante ans dans cette région. Ces courtes explications données,
je reprends mon rôle de copiste, et laisse la parole à l'un de nos
illustres précurseurs en alpinisme.   V. A.

Le 9 février 1842, je vins coucher au Petit-Abbergement, pour
en repartir le lendemain avec deux guides portant bagages et
provisions, et accompagnée de M. le Curé qui voulait rendre
visite à son confrère de Retord. Pour arriver à l'agglomération
de granges qui portent ce nom, il faut, depuis l'Abbergement,
traverser cinq petites vallées ou *combes*, toutes d'un aspect diffé-
rent. Les unes sont coupées par de petits mamelons boisés et
par des groupes de sapins qui doivent être d'un effet charmant
pendant la belle saison, puis à mesure qu'on monte, les bois
deviennent plus rares, finissent par disparaître, et je ne vois

plus que de grands espaces couverts de neige, au travers desquels on aperçoit de petites bosses qui sont les granges de Retord.

J'entre la première dans l'une d'elles, on m'y prend pour un sorcier venant jeter des sorts au bétail et on m'y demande mon passeport : Le voici, dis-je en montrant M. le Curé et les guides qui me rejoignaient. L'incident n'a pas d'autre suite, et nous continuons notre route. A certains endroits, il y a six pieds de neige de pleine chute, dans d'autres, le vent et la disposition des lieux ont produit ce que dans le pays on appelle des « Cugnères » et nous passons sur 10, 15, 20 et 25 pieds de neige gelée.

Après quatre heures de marche, nous arrivons chez M. le Curé de Retord qui nous reçoit de son mieux dans la pauvre grange qui lui sert de presbytère ; nous dînons et on me propose une promenade au Signal (1,322 mèt.) ; nous nous munissons tous de nos cercles, et en arrivant au sommet j'aperçois tout à coup mon *ami* le Mont-Blanc et la chaîne alpestre dont il est le roi. Alors que je m'extasiais de cette vue, malgré l'absence de soleil : Ce n'est rien, me dit-on, c'est quelquefois bien plus beau, et puisque vous faites un séjour ici, on vous avertira. Sur cette assurance, je redescends traînée sur une *luge* qu'on avait montée jusques-là pour me procurer un des plaisirs de la saison.

Mon projet était de loger dans une des granges voisines du presbytère, mais l'excellent Curé me prouve que la chose n'est pas possible, que je serai obligée de partager le dortoir des femmes, dans la malpropreté la plus complète, et que je n'ai qu'à prendre sa place. Il insiste d'une façon si gracieuse que j'accepte non sans remords, et que me voici pendant châles et manteaux à la place des soutanes, et m'installant dans l'unique et grande chambre de la cure. On y arrive par la même porte que celle qui sert aux bestiaux, elle n'est séparée de l'écurie que par une cloison en planches et éclairée par une petite fenêtre de trois pieds sur deux. Le soir, quelques notables viennent se réunir aux deux pasteurs, et voir la sœur d'un député ; je les questionne sur leurs mœurs et leurs habitudes ; puis on me laisse en possession de mon palais, et malgré mes courses de la journée, le bruit des rats et le beuglement des bestiaux me laissent à peine dormir.

Le lendemain, vendredi, je suis sur pied avant l'aube et dirige ma course vers une croix érigée sur l'un des points culminants du plateau. J'arrive pour voir les premiers rayons du soleil illuminant les montagnes du Bugey couvertes de neige; plus loin, la Bresse est ensevelie sous le brouillard et, à l'extrémité dé l'horizon, j'aperçois des cimes lointaines; du côté opposé, la chaîne des Alpes se détache en noire silhouette. Le froid est des plus vifs.

Dans l'après-midi, je vois tout à coup arriver M. le Curé essoufflé et criant : « Mademoiselle, vite au Signal, j'en descends, c'est magnifique. » Je saisis ma lunette, revêts mes cercles et cours plutôt que je ne marche pour jouir du panorama le plus magnifique et le plus imposant. Imaginez, en effet, toute la chaîne des Alpes Suisses, Savoisiennes, Dauphinoises, complètement découverte et illuminée par un soleil radieux. A cet aspect, je tombe dans une sorte d'extase, et sans m'apercevoir ni du vent, ni du froid, je me sens dominée par le plus vif sentiment d'admiration. A l'aide de ma lunette, je distingue le Mont-Blanc dans ses plus petits détails ; seulement, ce ne sont pas ceux de la route que j'ai suivie en 1838, car la face que je contemple est celle qui domine la vallée de Montjoie : je reconnais pourtant l'Aiguille du Dru, l'Aiguille Verte, le Buet. La scène, déjà si grandiose, le devient encore davantage : l'immense chaîne s'embrase sous les feux du soleil qui va disparaître et devient pourpre; peu à peu l'ombre en envahit la base, les plus hautes cimes restent seules lumineuses et s'éteignent tour à tour ; seul, le Mont-Blanc conserve encore quelques minutes sa radieuse auréole. Puis, tout rentre dans l'obscurité, et ces montagnes qu'il me semblait toucher du doigt, s'éloignent et n'apparaissent plus qu'en lignes finement dessinées sur le ciel.

J'étais tellement captivée, que je songeai trop tard à la vue que j'avais à mes pieds, je veux parler du Jura français, du Sorgia, du Reculet, du Colombier de Gex, du Cret de Chalame, mais si intéressante qu'elle fût, pas de comparaison possible avec cette immensité de cimes neigeuses dorées par le soleil. La nuit était complète, et c'est à la lueur d'un ciel étoilé que je regagnai mon modeste foyer, emportant des souvenirs que je n'oublierai jamais.

Samedi, belle journée, mais le froid est encore plus vif. Cela ne m'empêche pas de prendre mes cercles, d'esquisser quelques points de vue parmi lesquels une grange appartenant à deux frères qui passent pour sorciers et sont les Rothschild de l'endroit; puis, dans l'après-midi, je remonte au Signal pour y dessiner la chaîne des Alpes. Malgré le froid, j'y passe plusieurs heures et profite encore d'un superbe coucher de soleil, moins beau pourtant que celui de la veille.

Le lendemain dimanche, je m'enquiers de l'heure de la messe, et ce n'est pas sans un léger frisson que j'entends M. le Curé me dire : « Il vous faut un quart d'heure pour arriver à l'église, la messe commencera à dix heures moins un quart, et sera suivie du catéchisme, des Vêpres et de la bénédiction du Saint-Sacrement. » — Nous y serons jusqu'au soir ? — Oh, non, je suis leste, et à une heure ou à une heure et demie tout sera fini. — M. le Curé, quatre heures d'église par le froid qu'il fait, c'est dur. — « Allons, Mademoiselle, quand comme vous « on a passé quatre heures au Signal à dessiner en plein air avec « le froid et le vent, il est facile, plus que facile d'en donner « aujourd'hui autant au bon Dieu. »

Il ne me restait qu'à m'incliner et à dire *Amen*, et en effet je passai les quatre heures annoncées dans la petite chapelle remplie de nombreux et dévots montagnards des deux sexes. Il est de tradition dans le pays qu'elle a reçu la visite de saint François de Sales, mais les archives n'en contiennent aucune preuve écrite, et ne constatent que celles de quatre évêques, y compris Mᵍʳ Devie. Au moment de la Révolution, des dons pieux l'avaient dotée d'une rente de 1153 fr. qui payait le Curé et assurait l'exercice du culte. Elle ne tarda pas à être confisquée, et c'est seulement après quarante-huit ans de complète interruption, que Mᵍʳ Devie nomma un curé, mais à la condition que les ressortissants de Retord paieraient son traitement, répareraient l'église et construiraient une cure. Tous s'empressèrent de souscrire et depuis deux ans, ils ont enfin un pasteur. Pendant ces quarante-huit ans, ils n'ont cessé aussi bien l'hiver que dans

la belle saison, d'aller à trois et quatre heures de leurs habitations, remplir leurs devoirs religieux dans les paroisses voisines,
sans être arrêtés par le brouillard, les tourbillons de neige et la
rigueur du froid. On m'a montré une liste de cinq à six personnes
mortes dans les neiges, alors qu'elles se rendaient aux offices ou
en revenaient, et d'une douzaine ayant succombé à la suite de
ces courses au cœur de l'hiver. Une foi aussi sincère et aussi
longuement soutenue dans toute une population, c'est tout sim-
plement admirable.

En sortant de la chapelle, je la dessine, puis, songeant à la
coutume des feux du dimanche des brandons, je remonte au
Signal pour lui faire une dernière visite. Le soleil est voilé, il
me paraît y avoir plusieurs doubles de gaze entre les Alpes et
moi. Quand il a disparu, je vois des quantités de feux apparaître
soit dans le fond des vallées, soit sur les hauteurs environnantes,
il y en a quelques-uns qui percent les brouillards de la Bresse ;
d'autres brillent sur les sommets des Alpes Suisses et au pied du
Mont-Blanc. Mon guide était ravi et me dit : « Ah, Mademoiselle,
merci, sans vous je ne serais pas venu, mais tous les ans, j'aurais bien soin de gravir le Signal le jour des brandons. »

Je redescends au presbytère pour y passer ma dernière nuit, et
le lundi matin je me remets en route flanquée de mon guide et
sous l'escorte de M. le Curé allant rendre à son confrère de
l'Abbergement la visite qu'il en avait reçue : Il avait eu l'aimable
attention de me faire présent d'une imitation de Jésus-Christ
que je conserverai toute ma vie comme souvenir de ce saint
homme et de mon séjour dans sa thébaïde. Dans une de mes
conversations avec lui, il me dit qu'il n'avait pas manqué un
seul jour d'aller célébrer sa messe, quelque temps qu'il fît. « Un
certain dimanche, ajouta-t-il, l'ouragan de neige était tel qu'il ne
fallut pas moins de deux heures pour arriver à la chapelle où je
ne trouvai qu'un seul assistant. »

Notre descente s'est faite dans les meilleures conditions et le
soir même je rentrais dans mon logis, enchantée de mon séjour à
Retord, du magnifique panorama qu'il m'avait été donné d'y
admirer, et appréciant comme ils le méritent, les braves habitants de cette montagne.

NOTES ET RENSEIGNEMENTS

L'église actuelle de Retord à laquelle la cure est adossée et communique par un passage intérieur, a été bâtie en 1851 et consacrée le 22 juin 1852. La population de la paroisse se compose de 148 âmes, prises sur cinq communes, savoir : le Grand-Abbergement, Hotonnes, Injoux, Billiat et Villes. Quelques-uns des ressortissants ont plus de deux heures de chemin pour arriver à l'église. Il résulte des recherches obligeamment faites dans les archives de l'Evêché de Belley, qu'il n'y existe aucun document sur la visite qu'aurait faite à Retord saint François de Sales.

A la Vézeronce, on trouve à coucher et à manger, mais il est prudent d'emporter quelques provisions.

On peut aborder le plateau de Retord de bien des côtés ; je me bornerai à indiquer les voies principales et les plus commodes pour les touristes.

ROUTES A VOITURE

1° De Nantua aux Neyrolles, des Neyrolles à Colliard (montée des plus pittoresques), de Colliard par les granges de Sous la Forge au golet de Belle-Roche, aux granges du Mortier et de Ramboz d'en bas où l'on arrive aussi des Abbergements (3 heures environ).

2° De Nantua aux Neyrolles, des Neyrolles par le chemin de grande vicinalité conduisant au Poizat et dominant le lac de Silans. Arrivé sur le plateau, prendre à droite la route qui passe aux granges du Songeai, chez Mogney, Bartha, des Frasses, Coutard et vient aboutir au golet de Belle-Roche (3 à 4 heures environ).

3° De La Cluse par Saint-Martin-du-Fresne, Meyriat (prendre de préférence la vieille route), Maconod, le Bretet Jalinard, d'où un embranchement conduit à la route de l'Abbergement.

ROUTES A PIED

1º Du golet de Belle-Roche par golet Sapin, le Chenet et la Manche (1 heure et demie à 2 heures).

2º De Nantua aux Monts-d'Ain, aux granges David, Malbronde et Sous la Forge où l'on rejoint la route de Colliard au golet de Belle-Roche (2 à 3 heures).

3º Du Bret au Plane et à Ramboz d'en bas, ou du Plane par le moulin Lavuire, Mas Gollet et le Marais (1 heure et demie).

4º De Ramboz d'en bas, par les granges du Pralidet et de la Vézeronce (1 heure et demie environ).

5º De Châtillon-de-Michaille par la Croix Jean-Jacques (2 heures et demie à 3 heures).

Pour les chemins de piétons, il est préférable d'avoir recours à un homme de la localité connaissant bien les sentiers ; on évitera de la sorte et perte de temps et fausses spéculations.

SOUVENIRS DES FÊTES DE SION ET DE GENÈVE

1874 - 1879

I

A la descente du wagon, des mains amies viennent serrer les nôtres : on s'empare de nos sacs, et l'on nous conduit à l'Evêché, où nous occupons deux grandes et vastes chambres ; vite, on secoue la poussière d'un premier jour de promenade, nous avions voulu revoir au passage Bex et la charmante vallée des Plans, et nous voici dans la grande rue de Sion, qui habituellement calme et déserte, présente à ce moment une animation extraordinaire. La plupart des maisons sont pavoisées, on se coudoie comme sur le boulevard, et il faut livrer un véritable assaut pour pénétrer dans l'Hôtel-de-Ville et y retirer les cartes de fête. Une fois en règle, par des rues grimpantes et tortueuses, où l'Alpenstock n'est pas de trop, nous arrivons sur le plateau du Prélet déjà envahi par la foule. Le temps est de toute beauté, les étoiles brillent au ciel, un coup de canon retentit, et à ce signal, tous les Mayens s'illuminent de feux. Une fusée part de Valère, Tourbillon répond, le combat s'engage; puis tout à coup, les remparts ruinés de Tourbillon reflètent de sinistres lueurs, l'incendie se développe, les flammes éclatent de toutes parts : je n'oublierai jamais ce magnifique spectacle.

Le lendemain après la messe, nous allons voir et admirer le curieux plafond peint, sculpté et couvert d'inscriptions de la maison de Georges Supersaxo, le rival du fameux cardinal Schinner, puis on se promène, on fait d'agréables rencontres et on assiste au moins un moment à la réunion générale; à une heure, à table dans la salle de spectacle très artistement décorée, et dans laquelle prennent place près de quatre cents convives. Les discours commencent bientôt, et pour cause : On pérore en français, en allemand, en anglais, en italien, et en même temps que ces flots d'éloquence, quelle hécatombe de bouteilles. Nous voyons défiler tous les crûs du Valais ; il y en a d'excellents, presque tous sont capiteux; aussi admirons-nous sans songer à les suivre, les exploits et le calme des Zurichois nos voisins de table. Les bouteilles se vident, la tribune aux harangues ne désemplit pas, c'en est assez, nous sortons et allons nous préparer à l'ascension des Mayens.

Il fait une chaleur torride, malgré laquelle nous enlevons lestement les pentes gazonnées et émaillées de clubistes : à mesure que nous montons, la vue se développe, et de l'autre côté du Rhône la belle cime du Wildhorn se dessine sur le ciel. A un détour du sentier nous tombons sur un essaim de jeunes Valaisannes, enregimentées pour la fête et qui s'acheminent en chantant et en riant. Les plateaux se succèdent, on se retourne à chaque instant; aussi s'est-il écoulé près de trois heures lorsque nous arrivons, et là, quel n'est pas notre étonnement ? Figurez-vous des habitations éparses au milieu de groupes de mélèzes énormes et de prés d'une éclatante verdure : toutes sont enguir-landées de mousse et de fleurs, pavoisées de drapeaux : au bout d'une longue allée de mélèzes bi-séculaires, une petite chapelle ; plus loin de longues tables dressées, et. dans un repli de terrain, les tentes de l'armée fédérale qui doivent nous abriter : Vite nous prenons possession de l'une d'elles, ajouterai-je qu'en prévision de la fraîcheur de la nuit, nous augmentons au préjudice des voisins, notre part de couvertures : et l'installa-tion achevée, on peut lire au fronton de notre domicile cette inscription tout au moins ambitieuse : *Délégation du Club Alpin français.*

La nuit arrive, les torches s'allument et, à travers prés et forêts, on va prendre possession d'un bloc erratique offert au Club Alpin suisse par M. de Torrenté. On lit l'acte officiel dressé par le notaire de Sion, la musique joue et l'on revient souper. Un bal s'improvise aussitôt après, et nous y admirons de charmants et gracieux visages ; il faut s'arracher à ces séductions, et nous regagnons notre tente; nous nous y reposons, mais y dormir, c'est autre chose. A chaque instant, des intrus veulent s'y introduire et sont énergiquement repoussés ; tout auprès de nous une bande de Glaronnais passe la nuit en plein air, autour d'un grand feu. Quels poumons, que ceux de ces vigoureux montagnards ! ils ne cessent de chanter. Lorsqu'ils s'arrêtent à l'aube, le froid pénètre dans les tentes, malgré paille et couvertures; aussi, à cinq heures, tous les clubistes sont-ils debout et se mettent en marche pour atteindre l'Alpe de Thiou.

Nous grimpons allégrement, vivifiés par les senteurs balsamiques des sapins et des genévriers; peu à peu l'horizon s'agrandit, voici le val d'Herens, les glaciers d'Evolema, puis la Dent Blanche, le Cervin..... pas un nuage au ciel, la neuvaine des dames Sédunoises a été exaucée. Rien de plus curieux et de plus pittoresque que l'aspect de l'Alpe de Thiou. Plus de deux cents clubistes sont réunis près d'un ruisseau, attendant avec impatience la venue de mulets portant du pain, du fromage et un tonneau de vin blanc. Ils arrivent : on les acclame et on les dévalise. Pendant que les plus intrépides montent encore pour atteindre la crête de Thiou, nous restons assez nombreux étendus sur le gazon, admirant le panorama de cimes neigeuses qui surgissent de toutes parts. Je me mets à causer avec un guide, et après quelques paroles échangées, nous nous reconnaissons : il m'avait conduit, il y a quelques années, à Zinal, à l'Alpe de l'Allée et au Col de Torrent. C'était alors un débutant; depuis, il est devenu un des meilleurs guides de la Suisse, et se nomme Jean-Martin d'Ayer. Il nous conte l'ascension de la Yungfrau exécutée par lui avec les miss Pidgeon depuis la Weugernalp, et ses excursions dans l'Oisans. Nous n'avons rien de si difficile en Suisse,

ajouta-t-il ; il y a six semaines, j'ai bien cru que c'en était fini
de moi et de mon anglais M. Maund ; nous voulions gravir la
Muzelle, la neige s'est mise à tomber, impossible de redescendre;
il a fallu bivouaquer sous un pan de rocher où nous sommes
restés trente-six heures, n'ayant qu'un peu de pain et une bou-
teille de vin ; quand nous avons pu nous remettre en route,
nous étions à moitié gelés, nos cordes étaient raides comme du
fer, et il ne nous a pas fallu moins de sept heures pour atteindre
la Grâve où nous sommes arrivés plus morts que vifs. Nous
devons recommencer l'an prochain et cette fois nous réussirons.
Il conduisait un jeune italien, secrétaire de la section de Rome,
M. le chevalier Martelli, avec lequel nous engageons une conversation des plus intéressantes ; il nous raconte ses courses et ses
ascensions, notamment celle du Cervin qu'il venait de traverser
du Breuil à Zermatt. On se lie vite sur la montagne, aussi
échangeons-nous de vigoureuses poignées de main. Ces relations
d'Alpinistes, nées d'une rencontre imprévue, survivent au
hasard qui les a produites. Deux ans plus tard, alors que je me
rendais aux fêtes d'Annecy, et au moment où j'entrais dans les
gorges du Fier, je vois un clubiste se détacher d'un groupe, et
venir à moi les bras ouverts ; je le reconnais aussitôt, et nous
nous embrassons comme de vieux amis : c'était M. le chevalier
Martelli ; il s'était marié dans l'intervalle, et me présente à sa
femme. Je ne sais s'il me sera donné de le rencontrer encore,
mais je suis certain que nous aurons un égal et réel plaisir à
nous retrouver.

Il faut songer à redescendre, la caravane s'éparpille et forme
autant de groupes joyeux : les uns reprennent le chemin suivi
à l'aller, les autres suivent la crête dans toute son étendue et
regagnent les Mayens en suivant la banquette du *Bisse* qui y
distribue l'eau. En attendant le dîner, on devise sur l'herbe, on
boit du lait excellent et parfumé, on se donne le plaisir d'envoyer
aux siens des nouvelles, car, durant la belle saison, un bureau
télégraphique est installé aux Mayens.

La fanfare résonne et tous se rendent à son appel ; les cuisines
fument, les tables sont dressées sous la longue allée d'arbres
verts, en guise de nappes, du papier sans fin venant d'une usine

suisse, et chez tous un formidable appétit. La tribune aux
harangues n'a point été oubliée, elle se dresse, revêtue de
mousse et de feuillages entre deux vieux mélèzes, et je n'ai pas
besoin d'ajouter que de nombreux orateurs s'y succèdent, salués
par le ban fédéral souvent renouvelé ; parmi les discours
entendus, je remarque celui du vénérable prieur du couvent du
Grand-Saint-Bernard, M. Deléglise, auquel on fait une véritable ovation.

La fête est terminée, et je suis certain que tous ceux qui y
ont assisté en garderont un vivant et précieux souvenir. Nous
redescendons à Sion; mais, chemin faisant, nous sommes arrêtés
par M. le Curé de Vex qui causait avec l'Etat-Major du Club et
les personnages officiels de la fête, parmi lesquels se trouvait
M. Cerezole, membre du conseil fédéral. Il offre le vin d'honneur, et catholiques et protestants choquent encore une fois
leurs verres.

A Sion, nous faisons nos adieux, remercions nos hôtes, bou-
clons nos sacs, et le soir même nous allons coucher à Tourte-
magne, pour nous rendre à Zmeiden, et rentrer dans la vallée
de Zermatt par le Schwartzorhn et l'Augsbord-Pass.

En 1876, après la brillante réunion d'Annecy, j'arrivais à Chamonix par le col des Aravis, avec des compagnons y venant
pour la première fois. Nous débutâmes par le tour classique du
Montanvers et du Chapeau et le soir chez Couttet, nous causions
de nos projets du lendemain, lorsqu'un de nos voisins prenant
part à notre conversation de la façon la plus aimable et la plus
gracieuse, nous engagea vivement à consacrer notre dernière
journée aux Grands-Mulets. Son projet fut adopté avec enthousiasme.

Le lendemain, nous redescendions enchantés, lorsqu'au-
dessus des chalets de la Para, nous rencontrâmes notre cicérone
de la veille, partant avec son fils pour faire l'ascension de la
Dent du Midi, nous nous arrêtons pour le remercier de ses
conseils et lour souhaiter heureuse réussite.

Trois ans plus tard, en 1879, la réunion internationale des
Clubs alpins m'avait conduit à Genève. Parmi les attractions
offertes aux Clubistes, la carte de fête indiquait une réception

chez M. Henri Pasteur, au Grand-Sacconex. En arrivant dans cette superbe campagne, déjà remplie d'invités, je m'avance pour saluer le maître de maison, et j'ai l'agréable surprise de retrouver en lui mon inconnu de Chamonix. Il me reconnaît aussi, m'accueille de la façon la plus gracieuse et me présente à Mme Pasteur. Cela me valut le périlleux honneur d'être choisi pour remercier au nom des Alpinistes étrangers, nos hôtes du Grand-Sacconex de leur accueil si cordial ; comment m'exprimai-je, je ne sais, mais ce que je puis affirmer, c'est qu'à défaut d'éloquence, je parlai avec le cœur.

Dans des réunions comme celles dont je viens de retracer l'esquisse à l'aide de quelques notes et de souvenirs que les années écoulées n'ont point affaibli, se coudoient des hommes de tous âges et de tous pays, de conditions et d'opinions les plus diverses, mais tous rapprochés par une pensée commune, le goût et l'attrait de la montagne. On la gravit ensemble, plus ou moins haut suivant les forces de chacun et les difficultés à vaincre, mais pour tous le résultat est le même ; les corps en profitent, les caractères s'y retrempent, les âmes s'y élèvent, on en revient plus fort et meilleur.

Janvier 1886.   V. A.

Bourg, imp. Villefranche.—412-86